My First Book of
SIGN LANGUAGE

illustrated by Joan Holub

WHISTLESTOP ®

Troll

With love for my
brother and sister,
Paul and Kristen

A

animal

apple

B

baby

bed

boy

car

cat

children

D

day

dog

drink

E

ear

eat

egg

F

flower

friend

G

game

girl

green

house

horse

I

J

ice cream

jump

K

kid

kiss

kitchen

L

learn

library

light

M

man

monster

movie

night

noon

old   open   out

P

people

pizza

play

question

quiet

R

rain

read

room

S

school

scissors

sit

T

talk

television

tree

umbrella

up

vacation

walk

water

work

x-ray

yellow

zebra

zoo

More Helpful Signs

 I

 you

 me

 he

 she

 they

 is

 are

 am

Family

mother

father

sister

brother

grandmother

grandfather

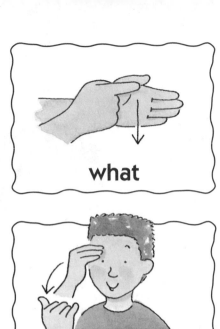 **what**	 **where**	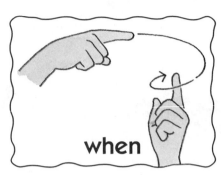 **when**
 **why**	 **who**	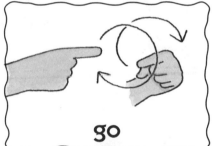 **how**
 **have**	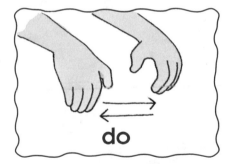 **do**	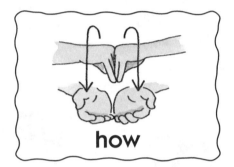 **go**
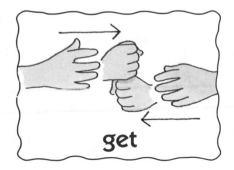 **get**	 **like**	 **love**

Counting

1

2

3

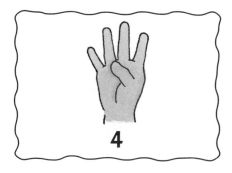

4

5

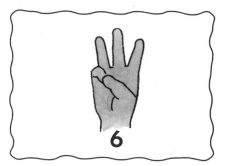

6

7

8

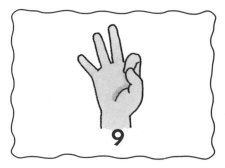

9

10

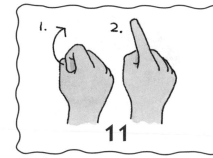

11

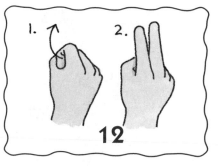

12

Sunday

Monday

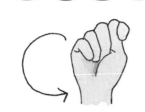

Tuesday

Wednesday

Thursday

Friday

Saturday

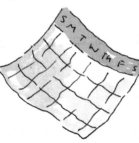

today

tomorrow

yesterday

happy

sad

big

little

good

bad

hot

cold

please

thank you

you're welcome

I love you

sorry